AF468096

Faculté de Droit de Paris.

THÈSE
Pour la Licence.

L'acte public sur les matières ci-après sera soutenu,
le jeudi 17 août 1854, à deux heures,

Par Barthélemy-Othon-Victor GAILLARD LACOUTURE,
né à Limoges (Haute-Vienne)

Président : M. DE VALROGER, Professeur.

Suffragants : MM. PELLAT, VALETTE, BONNIER, Professeurs. ROUSTAIN, Suppléant.

Le Candidat répondra en outre aux questions qui lui seront faites sur les autres matières de l'enseignement.

PARIS.
VINCHON, FILS ET SUCCESSEUR DE Mme Ve BALLARD,
Imprimeur de la Faculté de Droit,
RUE J.-J. ROUSSEAU, 8.

1854.

3617

A MA GRAND-MÈRE.

—

A MON PÈRE, A MA MÈRE.

—

A MES FRÈRES ET SOEURS.

JUS ROMANUM.

DE ACCEPTILATIONE.

(D., XLVI, 4.)

Acceptilatio est solutionis ac liberationis species quæ fit per verborum solemnitatem.

Duplex sunt acceptilationis species : alia simplex, alia Aquiliana.

Acceptilatio simplex est obligationis solutio per interrogationem et responsionem, quum creditor a debitore interrogatus an quod ipsi debetur, pro accepto habeat, respondet se habere.

Aquiliana acceptilatio fieri debet prævia novatione quum creditor quod sibi ex alia causa, quam ex verborum obligatione debetur, in verborum obligationem novat : dein, mox interrogatus, accepto fert.

Hæc ultima acceptilatio omnes obligationes et quæcumque modo contractæ sint novat et perimit, præter attamen si in diem vel sub conditione contractæ sint.

Simplex autem acceptilatio solam verborum obligationem tollit; nam quod non verbis contractum est verbis extingui non potest. Attamen si fidejussori accepto fuerit latum quum reus re, non verbis, fuisset obligatus, reus quoque liberatur, nam acceptilatio est vice solutionis; non potest autem reus, postquam fidejussor solvit, manere obligatus.

Quod in diem vel sub conditione debetur acceptilatione tolli non potest; id commune est utrique acceptilationi.

Hoc ipsum quod debetur accepto ferri potest; vel pars stipulationis et hoc accepto ferri potest non tantum si sic dicat : ex nummis decem quas tibi promisi, quinque habesne numeratos? Sed etiam et sic : quod ego tibi promisi, id pro dimidia parte habesne acceptum? At si quod in stipulationem deductum est divisionem non recipiat, acceptilatio in partem nullius erit momenti. Ut puta, servitus prædii rustici vel urbani, quia servitus potius qualitas quam pars fundi esse intelligitur.

Inutiliter accepto fertur aliud quam quod debetur, quia acceptilatio cum obligatione consentire debet, et verbis verba ea demum resolvi possunt, quæ inter se congruunt.

Si genere debito, species hujus generis cujus solutio liberationem pareret, accepto feratur, non est imperfecta acceptilatio. Sic si quis hominem stipulatus erit et Stichum accepto tulerit, fit liberatio. Contra vice versa quum res determinata debetur, si ea res non determinate accepto feratur, obligatio tenet.

Accepto ferre possunt omnes ii quibus alienandi potestas est. Hinc non potest pupillus sine tutoris auctoritate. Contra, quivis debitor, modo intelligatur quid agat, accepto rogare potest. Hinc pupillus per acceptilationem etiam sine tutoris auctoritate potest liberari. Idem erit et in servo dicendum et in cæteris personis quæ stipulando nobis ipso jure acquirere possunt quum eo modo per illos conditio nostra melior fit.

Servus communis sicuti uni ex dominis stipulari potest; ita etiam acceptum rogare uni ex dominis eumque in solidum liberat; et etiam alterum e dominis ab altero domino servus liberare potest et servus hereditarius qui ante aditam hereditatem acceptum rogat quod defunctus promisit, hereditatem ipsam per hoc liberat.

Quamvis filiusfamilias accepto rogare possit quod debet pater, nihil autem agit pater quum quod filius debet, acceptum roget, filius enim solus est obligatus.

Et quoniam acceptilatio per verborum solemnitatem fit, ipse debitor, aut quos in potestate habet, accepto rogare, ipse creditor eodem modo accepto ferre, debent, hinc tutor, curator furiosi nec accepto ferre nec accepto rogare potest. Idem dicendum de procuratore. Sed novatione facta tutor, curator, vel procurator et liberare et liberari possunt.

Si inutilis acceptilatio est, pactum utile habere potest; et nisi in hoc quoque contra sensum est.

Receptum est ut per formulam Aquilianam quolibet juris gentium obligationes solverentur græce potest acceptum fieri, dummodo sic fiat ut latinis verbis solet, scilicet per interrogationem et congruam responsionem.

Necesse non est ad accepto ferendas plures obligationes tot intervenire acceptilationes quot sunt obligationes; sed omnes unica acceptilatione possunt accepto ferri.

Acceptilatio liberationem obligationis parit. Etiam accessiones liberantur, puta adpromissores, hypothecæ, pignora, et inutiles erunt adversus dominum honorariæ actiones quæ de peculio vel in rem verso dantur.

Obligatio extinguitur quamvis nulla intervenerit solutio. Unde ab apocha differt, quod acceptilatione omni modo contingit liberatio, licet pecunia nulla sit soluta; contra apocha liberationem, numerata pecunia prius, efficere solet.

GAII INSTITUTIONES.

(Comm. 3, § 169-175.)

Ex Gaïo discimus aliam fuisse olim speciem imaginariæ solutionis quæ per æs et libram dicebatur.

Hoc autem certis in causis tantum receptum erat, veluti si quid eo nomine debebatur quod per æs et libram gestum esset, sive quid ab hærede per damnationem, vel judicati causa deberetur.

Adhibebantur haud secus ac mancipatione quinque testes et libripens, deinde is qui liberabatur, hæc verba dicebat : quod ego tibi tot millibus eo nomine nexus sum ; id tibi hoc asse solvo liberoque hoc ære æneaque libra : hanc tibi libram postremam porrigo, de lege et jure liberatus, deinde asse percutiebat libram, eumque dabat ei a quo liberabatur veluti solvendi causa.

In desuetudinem abiit hæc imaginaria solutio quum commodius erat, novatione facta, qualemcumque obligationem acceptilatione dissolvi.

DE PACTIS.

(D., lib. II, tit. 14.)

Pactum a pactione dicitur, et est pactio duorum pluriumve in idem placitum consensus.

Pacta nullum juris vinculum stricto jure faciunt. Sed paulatim jus civile, honorarium et imperiale pluribus pactis actionem addiderunt. Inde divisio pactorum : pacta jure civili probata (pacta adjecta), pacta prætoria, pacta legitima, pacta nuda. Ex his pacta nuda actionem non habent, sed pacti conventi vel doli mali exceptionem pariunt.

Est adhuc pactorum alia divisio, etenim quædam sunt in rem, quædam in personam. In rem sunt cum nulla fit limitatio personarum quibus prodesse pactum debeat; in personam cum hoc agitur ut pacti utilitas ultra certam personam non porrigatur, puta, ultra personam pasciscentis. Utrum autem, in rem aut in personam factum est pactum, non minus ex verbis quam ex mente convenientium, æstimandum est.

His expositis, transeamus ad pactum quod dicitur de non petendo.

Hoc pactum intercessisse videtur sive quis expresse promittat non petiturum, sive promittat accepto laturum.

Is solus apud quem pertinet actio potest pacisci ne petat. Sic pupillus sine tutoris auctoritate ne a suo debitore petat pacisci nequit. Item si filius aut servus pactus est ne ipse peteret, inutile est pactum. Sed si filius aut servus liberam peculii administrationem habentes, in rem pacti sint et ea res peculiaris sit, pactio eorum, rata habenda erit adversus patrem vel dominum, dummodo non donandi causa fecissent, sed si ita pacti sint ut aliquid in quo non minus vel etiam amplius esset consecuti sint.

Aliquando etiam filiusfamilias habet actionem veluti injuriarum, et hoc casu si pactus sit ne ageret sane valet pactio.

Manifestum est debitorem sui juris pacisci posse ne a se petatur. Item filius servus quoque si paciscantur ne a se vel a patre aut a domino petatur, acquirunt exceptionem. Idem dicendum erit de his qui nobis bona fide serviunt et de his servis in quibus usumfructum aut nudum usum habemus. Enim vero per quos acquiri nobis stipulatione potest per eosdem etiam pactis conventis meliorem conditionem nostram fieri posse placet, quod si servus paciscatur in rem ne a se petatur valebit pactum et pacti conventi pariet exceptionem; si vero in personam pactus sit doli mali exceptionem. Nam doli mali exceptio subsidium est pacti conventi exceptionis et ii qui pacti exceptione non possunt uti, doli exceptione plerumque utuntur.

Si filiusfamilias pactus fuerit ne a se petatur, proderit ei pactum et patri quoque si de peculio conveniatur, vel de in rem verso, heredi patris vivo filio, post mortem vero filii nec patri nec heredi, quia personale pactum est.

Pupillo prodest tutoris pactum per doli mali exceptionem ; stricto quidem jure fidejussoris pactum reo non prodest, sed plerumque doli exceptionem reo profuturam Julianus scribit, videlicet si hoc actum sit ne a reo quoque petatur.

Solent plerumque hæredes cum hæreditas pluribus creditoribus defenerata est antequam adeant atque ita se obligent oneribus, pacisci cum creditoribus hæreditariis de certa parte debiti qua contenti sint, puta, tertia vel dimidia; et sic adire hæreditatem, quam alioquin repudiassent, quærendum est an valeat et quibus prosit an noceat illud pactum. Valebit autem si ante aditam hæreditatem, hæres ut minus solvatur, paciscetur : proderit vero hæredi qui pactus erit quicumque sit, nocebitque creditoribus qui cum eo pacti erunt. Ex constitutione D. Pii jus singulare circa hoc pactum admissum est. Scilicet ut aliis quam qui pacti sunt creditoribus obesse possit, etiam privilegiariis, sed non hypothecariis. Postea vero certam formam in eo pacto observandam statuit D. Marcus : « Hodie, inquit, ita demum pactis hujus modi creditoribus obest, si convenerunt in unum et communi consensu declaraverint, quota parte debiti contenti sint. Si vero dissentiant, prætor decreto suo sequetur majoris partis voluntatem ». Majorem autem esse partem pro modo debiti non pro numero personarum placuit.

Plures notandæ sunt inter acceptilationem et pactum de non petendo, dissimilitudines. Enim vero, simplici acceptilatione tollitur tantum quæ verbis contracta est obligatio. Pactum de non petendo adversus quascumque obligationes valet. Præterea solemnibus verbis fit acceptilatio; quocumque modo pactum. Illa debitorem ipso jure liberat; illud tantum exceptionis ope tuetur.

POSITIONES.

I. Acceptilatio sub conditione vel in diem nullius est momenti.

II. Reus principalis re obligatus liberatur si accepto latum sit fidejussori ejus.

III. Inutilis acceptilatio, tacita pactione ne petatur, valet.

IV. In contractibus ex quibus mutuæ nascuntur obligationes, si ego tibi acceptum tuli a te liberabor.

V. Si filiusfamilias paciscatur non petere per actionem injuriarum hoc pactum, patri agere volenti non nocebit.

VI. Si servus aut filiusfamilias donandi causa non de pecunia petenda pacti sint, non debeat ratum haberi pactum conventum.

VII. Pactum de parte debiti non petenda debitoris fidejussoribusadversus creditores præsentes prodest, si vero absentes non prodest.

DROIT FRANÇAIS.

DE LA CESSION DE BIENS.

(Cod. Nap., art. 1265-1270.)

La cession de biens, appelée par Justinien *flebile et lamentabile auxilium*, est une dernière et triste ressource accordée à un débiteur obéré, lorsqu'il est poursuivi par ses créanciers.

Elle est volontaire ou judiciaire.

La cession de biens volontaire est l'abandon qu'un débiteur fait de tout ou partie de ses biens à ses créanciers qui l'acceptent : c'est un véritable contrat. Ses effets ne peuvent en être déterminés *a priori ;* ils dépendent de la volonté des parties, qui peuvent les régler comme elles l'entendent, pourvu qu'elles aient la capacité de contracter.

Elles peuvent convenir, par exemple, que le débiteur abandonnera à ses créanciers la propriété de ce qu'il possède, ou bien que ces derniers n'auront que le droit de faire vendre les biens et de se payer sur le prix en provenant : dans le premier cas, c'est une dation en payement; dans le second cas, ce n'est qu'un mandat; mais c'est un mandat irrévocable, car il est donné, non pas seulement dans l'intérêt du débiteur, mais aussi dans celui des créanciers.

Les parties pourraient encore convenir que le débiteur sera libéré entièrement par la cession de ses biens ou seulement jusqu'à concurrence de la valeur de ces mêmes biens, que les créanciers se les partageront au prorata de leur créance ou par portion virile.

De la cession judiciaire.

Ici la cession de biens est un bénéfice légal ; la loi en a réglé les effets. Elle n'est accordée qu'au débiteur malheureux et de bonne foi, auquel il est permis, pour obtenir la liberté de sa personne, de faire, en justice, l'abandon de tous ses biens à ses créanciers, nonobstant toute stipulation contraire.

La cession de bien remonte à Jules César, qui l'avait introduite pour adoucir les rigueurs de l'antique droit romain ; elle était d'un grand usage dans l'ancien droit français, où la contrainte par corps était de droit commun en toute matière. L'ordonnance de 1667 en restreignit considérablement l'application en matière civile ; aujourd'hui elle est fort rare.

Le débiteur ne peut renoncer à ce bénéfice, et les tribunaux ne doivent avoir aucun égard à une pareille clause, autrement elle deviendrait de style dans les actes ; ce serait violer l'article 2063 du Code civil. L'homme ne peut disposer de sa liberté ; la loi seule a cette puissance !

La cession de biens doit porter sur tous les biens du débiteur. Toutefois, il faut en excepter les biens insaisissables énumérés dans les art. 581, 592 et 593 du C. proc. et les rentes sur l'État. Cette dernière exception, établie dans l'intérêt du crédit public, peut conduire à un résultat peu moral, en permettant à un débiteur de jouir d'une fortune considérable sans payer ses créanciers.

Il faut en outre, pour obtenir la cession de biens, que le débiteur ait été réduit par des malheurs à l'état de gêne où il se trouve ; de plus, qu'il soit de bonne foi. C'est lui qui devra faire la preuve des malheurs qui lui sont arrivés. Mais comme la bonne foi se présume toujours, les créanciers devront établir la mauvaise foi du débiteur.

Le principal effet de la cession est de procurer au débiteur la liberté de sa personne ; d'où il faut conclure qu'elle n'est utile qu'au débiteur contraignable par corps ; elle doit produire son élargissement immédiat, s'il est incarcéré, et l'affranchir de l'emprisonnement, s'il est sur le point d'être emprisonné.

Les autres effets de la cession sont de mettre les créanciers en possession des biens saisissables de leur débiteur, sans toutefois leur en transférer la propriété ; de les investir du mandat de les administrer jusqu'à la vente et de les faire vendre pour se payer sur les revenus et sur le prix.

Cette cession ne libère le débiteur que jusqu'à concurrence de la valeur des biens abandonnés, et dans le cas où ils auraient été insuffisants, s'il lui en survient d'autres, il est obligé de les abandonner jusqu'à parfait payement.

La répartition des deniers provenant de la vente se fait par ordre et contribution comme dans la saisie immobilière ; seulement, les formes sont beaucoup moins compliquées et moins coûteuses, dans l'intérêt des créanciers et du débiteur.

Les formes de la procédure de la cession de biens sont réglées par les art. 898 à 906 du C. de proc.

Le débiteur doit déposer son bilan au greffe du tribunal où la demande sera portée ; cette demande est communiquée au ministère public ; le débiteur doit réitérer en personne sa cession en l'audience du tribunal de commerce de son domicile ; s'il n'y a pas de tribunal de commerce, à la maison commune un jour de séance. Enfin, les nom, prénoms, profession, demeure du débiteur sont insérés dans un tableau placé dans l'auditoire du tribunal de commerce et publié tous les journaux.

On retrouve encore dans cette procédure des vestiges des humiliantes formalités auxquels étaient autrefois soumis ceux qui avaient fait cession de biens. Le Code de procédure s'est encore montré au moins bien sévère à l'égard du débiteur de bonne foi, puisqu'on lui fait encore subir une humiliation publique après l'avoir reconnu honnête homme et malheureux.

En principe, toute personne peut demander la cession judiciaire, et les créanciers ne peuvent la refuser que dans les cas déterminés par la loi.

Ainsi, ne sont point admis au bénéfice de cession de biens : les étrangers, qui n'offrent souvent d'autre garantie à leurs créanciers français que la contrainte par corps; les stellionataires, les banqueroutiers frauduleux, les personnes condamnées pour cause de vol ou d'escroquerie, ni les personnes comptables : tuteurs, administrateurs ou dépositaires, à cause de leur mauvaise foi. Depuis 1838, les commerçants ne jouissent plus du bénéfice de la cession de biens (art. 541, C. comm.), mais ils ont le bénéfice d'excusabilité; il n'y a guère que le nom de changé.

Enregistrement. — L'art. 68, § 4, n° 1 de la loi du 22 frimaire an VII, a établi un droit fixe de 5 fr. sur les abandonnements de biens, soit volontaires, soit forcés. En effet, comme on l'a déjà vu, la cession de biens, à la différence de la dation en payement, ne dépouille pas le débiteur de la propriété, mais seulement de la possession de ses biens. Il n'y a pas là de transmission de propriété. Mais pour que le droit fixe soit perçu, il faut qu'il résulte de l'acte que les créanciers n'ont pas la faculté de disposer des biens abandonnés, et qu'ils sont tenus de les faire vendre dans les formes requises, de quelque nature d'ailleurs que soient ces biens.

DE LA REMISE DE LA DETTE

(Code Nap., art. 1282-1288.)

La remise de la dette est l'abandon que le créancier fait de sa créance sans recevoir d'équivalent; c'est une véritable libéralité faite par le créancier au débiteur.

Cependant elle n'est point assujettie aux formes des donations; l'obligation est une exception; il faut favoriser le retour au droit commun.

Mais quant au fond, nous devrons appliquer toutes les règles des donations. Ainsi la remise sera nulle, si elle est faite par une personne incapable de disposer à titre gratuit, ou bien si elle est faite à un débiteur qui est incapable de recevoir du créancier à titre gratuit : elle sera rapportable, si le débiteur qui l'a reçue vient à la succession de son ancien créancier; réductible, si elle excède la quotité disponible; révocable, pour cause d'ingratitude ou de survenance d'enfants.

La remise de la dette est expresse ou tacite.

Elle est expresse, quand elle résulte d'un testament ou d'une convention formelle; ainsi, par exemple, quand le créancier écrit à son débiteur qu'il lui fait remise de sa dette, il y a là une remise expresse. Toutefois, il faut que le débiteur accepte la libération qu'on lui offre; jusqu'à l'acceptation il n'y a qu'un offre de libéralité, le créancier n'est point lié, et s'il retire son offre, il n'y a rien de fait. Si le débiteur était mort avant la réception de la lettre portant la remise, le débiteur ne serait pas libéré. Toutefois, il n'est pas nécessaire que l'acceptation du débiteur soit connue du créancier, il suffit que le concours des volontés ait existé.

La remise tacite résulte de certains faits desquels nous devrons conclure, avec l'autorité de la loi, que le créancier a dû vouloir faire remise de la dette.

Quels sont ces faits? La loi n'en cite qu'un seul : la remise que le créancier fait à son débiteur du titre qui constate sa créance.

Il y a là une présomption légale : la loi tire d'un fait connu, avoué, qui est la remise du titre, la conséquence que le créancier a voulu libérer son débiteur.

Cette présomption est-elle invincible? Le créancier peut-il être admis à faire la preuve contraire? Il faut distinguer.

Si l'acte constitutif de la créance est sous seing privé, le créancier en le remettant volontairement au débiteur, est présumé avoir voulu lelibérer; c'est une présomption invincible. En effet, il est raisonnable de penser que le créancier en abandonnant son seul titre, sa seule arme contre le débiteur, pour prouver son droit, a entendu lui faire remise de sa dette, abdiquer sa qualité de créancier.

Si, au contraire, l'acte abandonné est la grosse du titre, la preuve contraire est admise.

La raison de cette différence est que le créancier en remettant le titre original (nous dirions de même du brevet original), s'est dépouillé de tout moyen de prouver son droit, tandis que s'il n'abandonne que la grosse, il lui reste encore la minute chez le notaire, et il peut exiger de nouvelles expéditions.

La possession du titre par le débiteur doit naturellement en faire présumer l'abandon par le créancier. Le vol, la perte ou le dépôt du titre dont le créancier pourrait arguer, sont des faits exceptionnels qu'il doit prouver ; et il pourra faire cette preuve, par tous les moyens possibles.

Cette présomption attachée à la possession du titre par le débiteur est une simple présomption de l'homme, laissée à l'appréciation du juge.

Mais la présomption attachée à l'abandon volontaire du titre, est une présomption légale que le juge est obligé d'admettre, tant qu'elle n'est pas détruite par la preuve contraire, bien plus la preuve contraire n'est pas admise, lorsque le titre abandonné est un acte sous seing privé.

Mais à quel titre le débiteur est-il présumé libéré; l'abandon du titre fait-il présumer un payement ou une remise à titre gratuit? Nous appliquons la règle que celui qui allègue un fait pour en faire sortir un droit, doit le prouver. Le débiteur pourra invoquer le mode de libération qu'il juge le plus favorable. Ainsi, par exemple, ce sera aux créanciers à prouver qu'il y a eu remise, s'ils veulent intenter l'action en réduction.

Lorsque la remise du titre original est faite à un débiteur solidaire, les codébiteurs sont libérés sans qu'on puisse établir la preuve contraire.

Si c'est la grosse, au contraire, qui lui a été remise, les autres peuvent invoquer la remise ou le payement, mais la preuve contraire est admise.

La remise de la chose donnée en nantissement ne suffit pas pour faire présumer la remise de la dette ; de même la mainlevée que le créancier donnerait de son hypothèque, ne prouve pas qu'il ait entendu remettre la dette elle-même

La remise de la dette est réelle ou personnelle.

Elle est réelle quand elle est absolue, générale, sans restriction, à telle ou telle personne.

Personnelle, lorsqu'elle est faite à une personne déterminée.

Ainsi, la remise faite à l'un des codébiteurs solidaires, libère tous les autres, à moins que le créancier n'ait fait réserve de tous ses droits contre ces derniers. Dans ce cas, le créancier ne peut plus répéter la dette que déduction faite de la part de celui auquel il a fait la remise ; autrement la décharge serait illusoire, par suite du recours que pourraient exercer ceux qui auraient payé la totalité de la dette.

La remise accordée au débiteur principal libère les cautions.

Car il ne peut pas y avoir d'accessoire là où le principal manque. Mais le débiteur principal n'est pas déchargé par la remise accordée à la caution.

La remise accordée à l'une des cautions ne libère pas les autres. Cependant, il faut admettre que le créancier ne pourra exiger le payement des autres cautions que déduction faite de la part de la caution libérée ; car le créancier, en déchargeant une caution, n'a pas pu changer les relations des autres cautions entre elles (art. 2033). Nous appliquons ce que nous avons dit pour les débiteurs solidaires (art. 1285).

Cependant, si les cautions ne se connaissaient pas, si elles étaient intervenues successivement, je pense que la libération accordée à l'une d'elles n'aurait pas d'influence sur les autres; l'espérance des cautions n'est point trompée. Ce sont des opérations distinctes, quoique se rencontrant sur le même objet.

D'après l'art. 1288, ce que le créancier a reçu d'une caution pour la décharge de son cautionnement, doit être imputé sur la dette ; le Code n'a pas voulu voir là un contrat aléatoire, contrairement à la doctrine de Pothier et de Dumoulin. Mais l'article sera facilement éludé, car si le créancier est honnête, il n'accordera jamais la décharge, ne voulant pas prendre les risques de l'insolvabilité du débiteur. Si le créancier, au contraire, manque de délicatesse, il recevra le prix moyennant lequel il relâche la caution, et n'exprimera dans l'acte qu'une décharge pure et simple ; dans sa conscience, ce qu'il aura reçu sera le prix des risques qu'il doit courir.

Enregistrement. — Les remises de dette sont aujourd'hui considérées comme des donations au point de vue du droit fiscal, et assujetties au droit proportionnel applicable aux donations. Cependant il faut faire exception pour les remises qui résultent du concordat. Il n'y a pas là, en effet, la moindre intention de constituer une donation. La remise est intéressée de la part des créanciers qui se décident à perdre une portion de leur créance dans l'espoir de conserver le reste.

DU CONCORDAT.

(Code de com., 507-526.)

Le concordat est un traité qui intervient entre un commerçant failli et la masse de ses créanciers, par lequel ces derniers, dans la vue de moins perdre sur leur créance, remettent leur débiteur à la tête de ses affaires en lui accordant des délais pour se libérer, ou en lui faisant remise d'une partie de sa dette.

Ce traité est assujetti à certaines conditions légales qui ont pour but de garantir l'ordre public, protéger les créanciers contre les fraudes, et empêcher l'oppression des minorités.

En effet, il a lieu sous la présidence du juge commissaire, et il ne peut être établi que s'il est consenti par la majorité en nombre des créanciers réunissant les trois quarts en sommes. Cette majorité des trois quarts en sommes se calcule sur les créances vérifiées et affirmées ou admises par provision. De même la majorité en nombre devra se composer des créanciers vérifiés et affirmés ou provisionnellement admis.

Les créances privilégiées, hypothécaires ou nanties d'un gage, ne sont pas comptées pour la supputation des trois quarts en sommes, si le créancier n'a pas préalablement renoncé au caractère privilégié de sa créance; son vote n'offrirait pas de garantie à la masse, puisqu'il ne courrait aucun risque. Son vote au concordat emporte de plein droit cette renonciation.

Le concordat doit être signé séance tenante, à peine de nullité, afin que le failli, en s'adressant en particulier à chaque créancier, ne puisse pas obtenir par faiblesse, séduction ou corruption, des signatures qui lui seraient peut-être refusées en assemblée. Mais il ne faudrait pas en conclure qu'on ne pourrait pas consacrer plusieurs séances à l'examen et à la discussion qui précèdent le concordat. Il faut seulement que les signatures soient données à la séance même où la proposition du concordat est définitivement arrêtée.

Si la proposition du concordat n'obtient ni la majorité en nombre ni celle en sommes, tout se termine là. La faillite passe sous le régime de l'union.

Quand une de ces deux majorités seulement est obtenue, le juge-commissaire doit remettre la délibération à huitaine, pour tout délai. Si, à cette seconde assemblée, le concordat ne réunit pas les deux majorités, il est définitivement repoussé.

Le failli condamné comme banqueroutier frauduleux ne peut être admis au concordat. Le législateur de 1808 avait refusé ce bénéfice au banqueroutier simple, tout en l'admettant à l'honneur de la réhabilitation. Mais la loi de 1838 a justement fait cesser cette contradiction, en admettant le banqueroutier simple à la faveur du concordat.

En cas de poursuites en banqueroute simple, les créanciers peuvent consentir le concordat immédiatement, ou se réserver de ne prendre parti qu'à l'issue de ces poursuites.

En cas de poursuites en banqueroute frauduleuse, les créanciers sont convoqués pour décider si, en cas d'acquittement, ils se réservent de délibérer sur un concordat, et si, en conséquence, ils veulent surseoir jusqu'à l'issue des poursuites.

Dans ces deux cas, le sursis est prononcé par la majorité en nombre représentant les trois quarts en sommes.

Les créanciers vérifiés, affirmés ou postérieurement reconnus, peuvent former, devant le tribunal, opposition au concordat; ils doivent en donner les motifs et la signifier aux syndics et au failli dans la huitaine qui suit le concordat, à peine de nullité, avec assignation à la première audience, c'est-à-dire à un jour d'intervalle, si l'un des syndics faisait opposition, elle serait signifiée aux autres syndics. S'il n'y en a pas, l'opposant devra provoquer la nomination d'un second syndic pour recevoir cette signification.

Pour que le concordat soit obligatoire, même à l'égard de ceux qui l'ont signé, il faut qu'il soit homologué par le tribunal.

Cette homologation est poursuivie à la requête de la partie la plus diligente. Ce jugement doit statuer en même temps sur les oppositions. Mais si une seule opposition était admise, elle entraînerait l'annulation du concordat à l'égard de tous les intéressés.

Dans tous les cas, avant ce jugement d'homologation, le juge commissaire doit, pour éclairer le tribunal, leur présenter un rapport sur les caractères de la faillite et l'admissibilité du concordat.

Ce jugement, comme nous l'avons dit, rend le concordat obligatoire pour tous les créanciers antérieurs à la faillite.

Il est inscrit au bureau des hypothèques par les soins des syndics, et il conserve ainsi à chacun des créanciers, sur les immeubles du failli, l'hypothèque inscrite en vertu de l'article 490, C. com.

Après que le jugement d'homologation est passé en force de chose jugée, les fonctions des syndics cessent; ils rendent leurs comptes définitifs au failli, qui est remis à la tête de ses affaires.

Lorsque les créanciers lui ont fait remise de partie de sa dette, il est libéré de tout ce qui lui a été remis, et quelque considérable que devienne plus tard sa fortune, ses créanciers ont perdu toute action contre lui, quant à cette remise. Il reste néanmoins soumis aux incapacités qu'entraîne la faillite tant qu'il ne s'est pas fait réhabiliter.

Cette remise, toutefois, n'est pas une libéralité; elle est faite au contraire par les créanciers dans une vue intéressée, pour perdre le moins possible, d'où il suit qu'elle n'est point soumise au rapport ni à la réduction. Elle ne saurait non plus profiter aux codébiteurs ni aux cautions du failli, solidaires ou non, puisque c'est précisément pour se garantir des désastres d'une faillite que les créanciers exigent de pareilles sûretés.

En principe, le concordat, une fois homologué, est irrévocable, les créanciers étaient libres de ne pas y consentir ou d'y former opposition.

Cependant, par exception, le concordat est annulé de plein droit par suite de condamnation pour banqueroute frauduleuse intervenue après l'homologation.

Il peut être annulé pour dol découvert depuis l'homologation. Le dol consiste ici dans l'exagération du passif ou la dissimulation de l'actif.

Dans ces deux cas, les cautions sont libérées de plein droit.

Enfin, le concordat peut être annulé pour inexécution des conditions. Pour rompre ce traité, il faudrait logiquement la majorité des créanciers, puisqu'il a été formé avec cette majorité. Mais le concordat voté, il n'y a plus de majorité ; je pense donc qu'un seul des créanciers peut demander l'annulation.

Dans ce cas, les cautions ne sont point libérées, puisqu'elles se sont engagées dans la vue de cette inexécution, et l'annulation ne peut être prononcée qu'après qu'elles ont été mises en demeure de payer.

Dans les cas où le concordat est annulé ou résolu, les résultats de la première procédure sont conservés ; il n'y a lieu qu'à un supplément de bilan d'inventaire et de vérification.

S'il y a annulation du concordat en deuxième faillite, les créanciers antérieurs à ce concordat rentrent dans l'intégralité de leurs droits ; la remise qu'ils avaient consentie est sans effet.

A l'égard de la masse, il y a une distinction à faire.

Si les créanciers n'ont rien touché du dividende que le failli avait promis dans le concordat, ils figurent dans la nouvelle masse pour l'intégralité de leur créance.

S'ils ont reçu une partie du dividende, ils figurent pour la portion de leur créance primitive correspondante à la portion du dividende promis qu'ils n'ont pas touché.

DE L'EXCUSABILITÉ.

(Art. 539-541.)

Le Code de commerce de 1808 avait offert la cession de biens au failli, pour se soustraire à la contrainte par corps.

La loi de 1838 a abrogé cette disposition, au moins pour la cession de biens judiciaire, et l'a remplacée par le bénéfice d'excusabilité.

Si le failli n'a pu obtenir un concordat, l'union a lieu de plein droit. Ses biens sont vendus, mais il reste néanmoins soumis à la contrainte par corps, à moins que le tribunal ne le déclare excusable.

Dans ce cas, le jugement qui est rendu sur l'avis des créanciers, affranchit le failli de la contrainte par corps, à l'égard des créanciers de la faillite, et leurs poursuites ne peuvent plus porter que sur les biens du failli.

Les banqueroutiers frauduleux, les stellionataires, les personnes condamnées pour vol, escroquerie ou abus de confiance, les comptables de deniers publics, ne peuvent être déclarés excusables.

DU DÉSISTEMENT.

(Code de proc. civ., art. 402 et 403.)

Le désistement est la renonciation volontaire faite par le demandeur, à une procédure commencée. Remarquons qu'à moins d'une volonté contraire, ce n'est que l'abandon de l'instance, l'extinction de la procédure, mais nullement l'abandon du droit lui-même.

Le désistement a pour effet, lorsqu'il est accepté, de remettre les choses, de part et d'autre, dans l'état où elles étaient avant la demande.

La seule volonté du demandeur sera-t-elle suffisante pour opérer le désistement, ou faudra-t-il encore l'acceptation du défendeur? Il faut distinguer.

Le concours des volontés sera nécessaire si l'action est une fois intentée, c'est-à-dire si le défendeur a accepté le procès. Car, dans ce cas, le défendeur peut avoir un très-grand intérêt à faire juger la demande intentée contre lui, soit pour ne pas rester exposé à de nouvelles demandes que son adversaire pourrait ultérieurement soulever, soit pour faire statuer sur quelque demande incidente ou reconventionnelle qu'il lui importe de poursuivre.

Mais tant que le défendeur refuse de plaider, le demandeur peut se désister. Comme, par exemple, si le défendeur conteste la compétence ou la validité de l'acte introductif d'instance, il est clair que les deux parties n'ont pas accepté le procès, que le quasi-contrat judiciaire n'est pas formé.

Le désistement peut être fait et accepté par de simples actes signés des parties ou de leurs mandataires, et signifiés d'avoué à avoué.

La signature des parties ou de leurs mandataires est une formalité substantielle ; elle est exigée en raison de l'importance de l'acte ; il n'y aurait donc pas besoin de recourir à la voie du désaveu, pour faire tomber le désistement auquel manquerait cette formalité ; il suffirait d'opposer le défaut de signature.

Le désistement peut être fait par acte d'huissier ou par acte notarié.

Il emporte soumission de payer les frais au payement desquels la partie qui se sera désistée sera contrainte sur simple ordonnance du président mise au bas de la taxe, parties présentes ou appelées par acte d'avoué à avoué.

Cette ordonnance, si elle émane d'un tribunal de première instance, sera exécutée nonobstant opposition ou appel ; elle sera exécutée, nonobstant opposition, si elle émane d'une Cour d'appel.

QUESTIONS.

I. La cession de biens volontaire a-t-elle les caractères d'une remise ou décharge conventionnelle, pour la portion des créances qui n'est pas éteinte par le prix provenant de la vente des biens cédés? — Non.

II. Le débiteur qui réclame le bénéfice de cession de biens, doit-il prouver sa bonne foi? — Non.

III. La remise de la dette peut-elle s'effectuer par la seule volonté du créancier, indépendamment de l'acceptation du débiteur? — Non.

IV. Le titre original trouvé dans les mains du débiteur, établit-il sa libération à titre de remise ou de payement? — Ce sera au débiteur à choisir.

V. La remise faite par un concordat à celui qui est devenu héritier du créancier, est-elle sujette à rapport? — Non.

VI. La remise faite au failli, en cas de concordat profite-t-elle à la caution? — Non.

VII. Un seul des créanciers peut-il demander la résolution du concordat? — Oui.

VIII. Les créanciers privilégiés ou hypothécaires, en renonçant pour partie à leur privilége ou à leur hypothèque, peuvent-ils prendre part au vote du concordat pour le montant de la partie de leur créance devenue chirographaire, ou bien doivent-ils renoncer complétement à leur privilége ou à leur hypothèque? — Ils doivent renoncer à leur privilége ou hypothèque.

IX. Les créanciers qui ont accédé au concordat et qui l'ont signé, ont-ils, dans tous les cas, le droit d'y former opposition? — Oui.

X Le désistement, pour être valable, a-t-il besoin d'être accepté par le défendeur? — Distinction,

Vu par le Président de la Thèse,
DE VALROGER.

Vu par le Doyen,
C. A.

www.ingramcontent.com/pod-product-compliance
Ingram Content Group UK Ltd.
Pitfield, Milton Keynes, MK11 3LW, UK
UKHW020541230726
13925UKWH00006B/2412

9 782014 035308